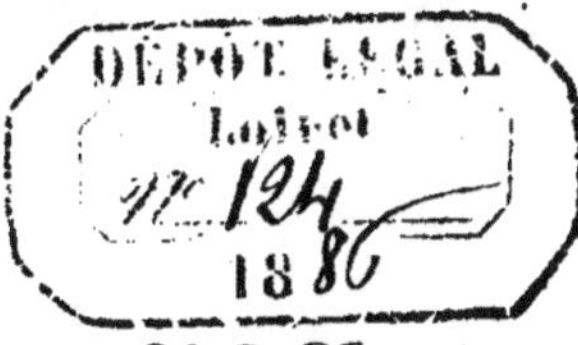

ALPHONSE CHARLON

(1865-1885)

SOUVENIRS D'UN CONDISCIPLE

Par Albert VRIN

ÉLÈVE DE LA CHAPELLE-SAINT-MESMIN

ORLÉANS

H. HERLUISON, LIBRAIRE-ÉDITEUR

17, RUE JEANNE-D'ARC, 17

—

1886

ALPHONSE CHARLON

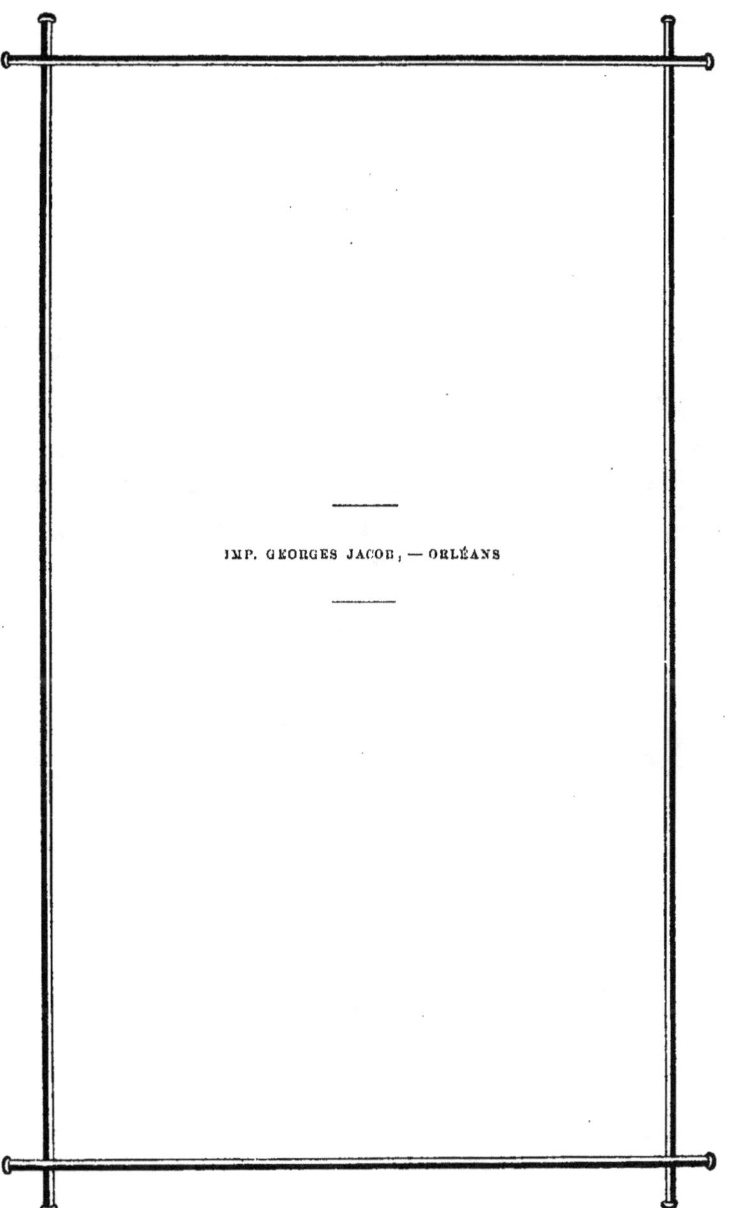
IMP. GEORGES JACOB, — ORLÉANS

ALPHONSE CHARLON

(1865-1885)

SOUVENIRS D'UN CONDISCIPLE

PAR ALBERT VRIN

ÉLÈVE DE LA CHAPELLE-SAINT-MESMIN

ORLÉANS

H. HERLUISON, LIBRAIRE-ÉDITEUR

17, RUE JEANNE-D'ARC, 17

1886

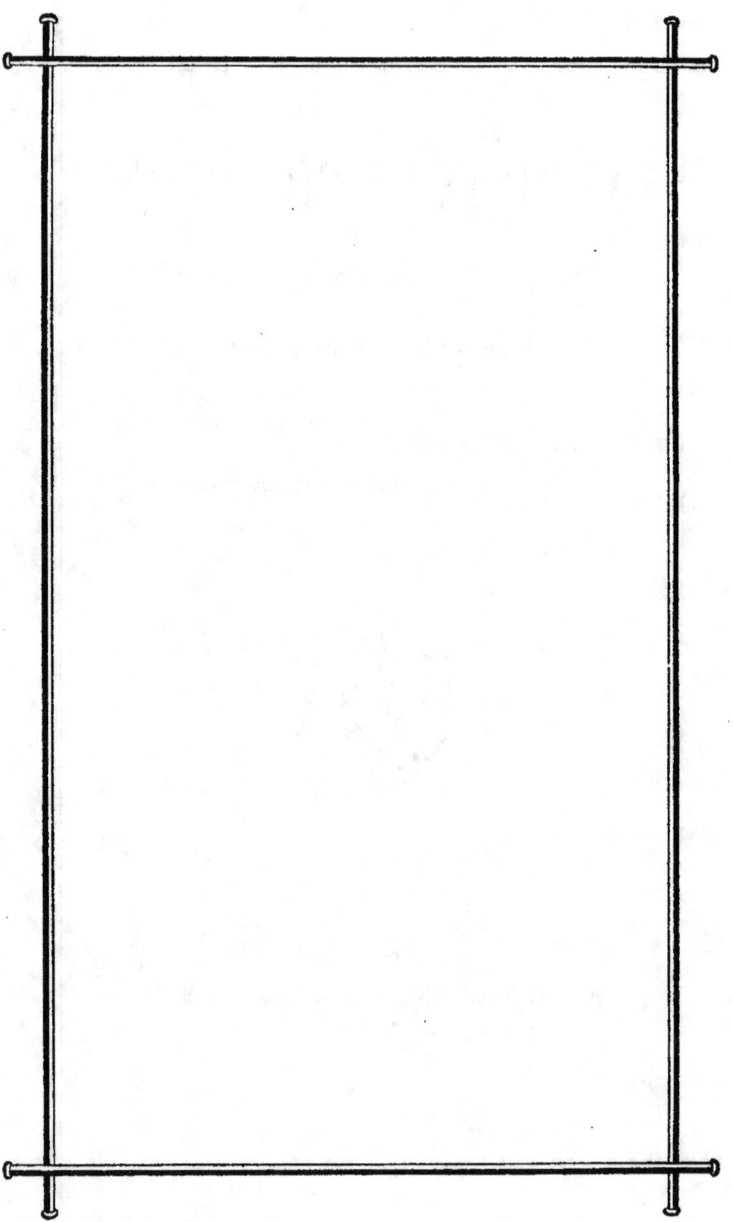

LES *pages qu'on va lire ne contiennent que le simple récit d'une vie de dix-neuf ans.*

L'aimable jeune homme dont elles racontent l'histoire ne pensait guère qu'on dût jamais écrire sa biographie, et celui qui l'a écrite n'a pas cherché à faire œuvre d'écrivain. Il a recueilli ses souvenirs et laissé parler son cœur, pour donner à son condisciple le dernier témoignage d'une amitié que la mort même n'a pas brisée.

Tel qu'il est, avec sa simplicité et l'intimité des détails où il entre, ce récit ne sera lu ni sans émotion ni sans charme.

Il sera doux à ceux qui ont connu et aimé ALPHONSE CHARLON *de retrouver ici non seulement les traits de son visage, mais la peinture fidèle de son âme. Il vit dans ces pages avec sa franchise et sa droiture, avec sa réserve et sa bonté, avec la vivacité et la délicatesse de son amour filial, avec la fermeté de sa foi, la tendresse de sa piété et cet attrait indéfinissable que Dieu donne aux jeunes gens dont la vie doit s'achever avant l'heure.*

Le père et la mère d'Alphonse trouveront dans ce pieux souvenir qui leur est dédié un adoucissement à leur grande douleur, et, s'il en était besoin, l'affermissement des espérances que leur donnent leur foi et le souvenir de la piété de leur fils.

Quant à ceux qui n'ont pas rencontré ici-bas Alphonse Charlon, ces pages leur feront connaître et aimer son âme ; ils voudront prier avec nous pour elle ; ils apprendront, en lisant sa vie, ce qui rend un enfant et un jeune homme bon et aimable : au spectacle de ces vertus douces et fortes, et au ton dont elles sont racontées, ils reconnaîtront deux amis chrétiens, et ils éprouveront une sympathie égale pour l'âme du pieux jeune homme dont ces pages retracent la vie et pour celui dont la fidèle amitié les a écrites.

La Chapelle-Saint-Mesmin, 4 juin 1886.

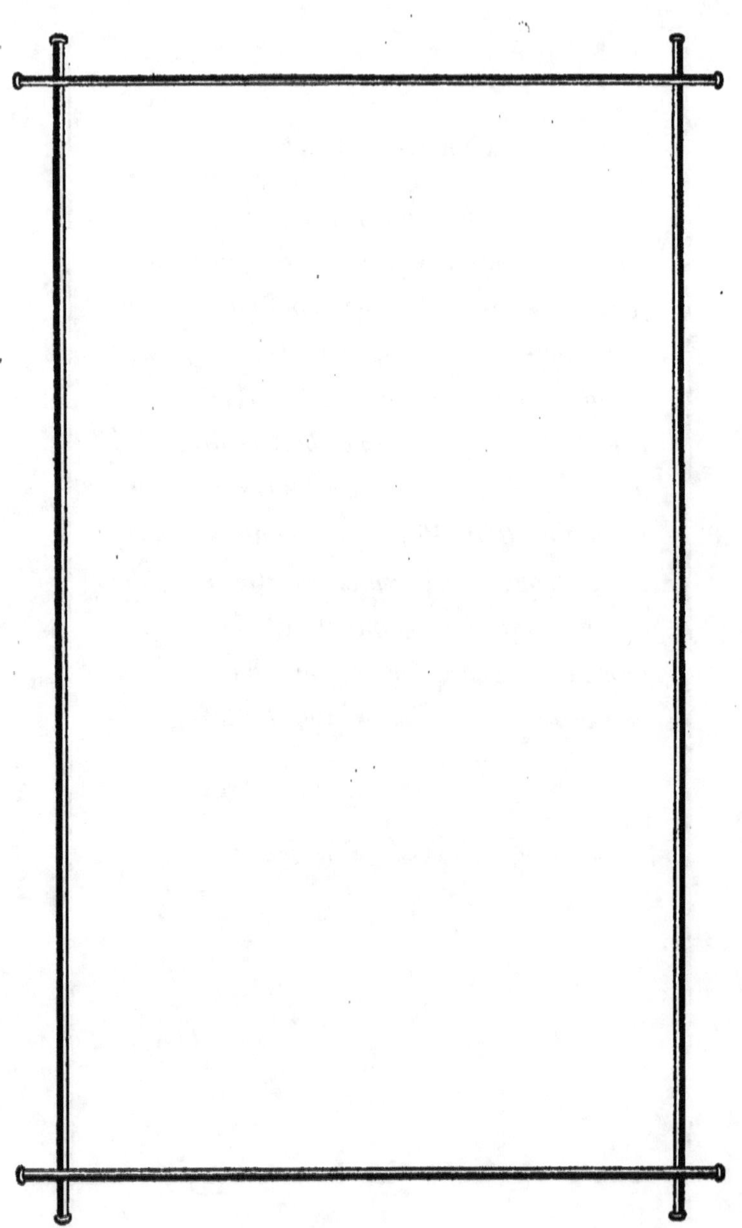

ALPHONSE CHARLON

I

A quelques lieues de Bourges, dans la vallée de l'Yèvre, se dresse, délabrée par les ravages du temps, la vieille tour de Mehun, dernier vestige du château-fort construit par Charles VII. C'est dans cette ville aux souvenirs historiques que, le 2 août 1865, vinrent au monde deux jumeaux, Alphonse et Henri.

Leurs parents avaient beaucoup désiré un fils ; ils bénirent le ciel de ce double présent. La joie entra dans leur maison, et l'amour le plus tendre, la sollicitude la plus délicate que Dieu puisse mettre au cœur d'un père et d'une mère, furent prodigués au berceau de ces premiers-nés.

Quels beaux rêves, quelles douces illusions planaient au-dessus de ces têtes si frêles ! Mais la mort avait déjà choisi une victime, et deux mois après la naissance des deux jumeaux, Henri, celui qui avait paru le plus robuste, tomba, comme la fleur naissante qui s'étiole tout à coup, sans cause apparente, et sans qu'on puisse porter remède à son mal.

Restait, pour fixer les espérances de la famille, un enfant délicat, dont chaque souffle pouvait être le dernier. Dire de quels soins, de quelle tendresse ce petit être fut entouré, serait impossible. Toujours est-il que peu à peu, ses forces se développèrent, et qu'il arriva à avoir conscience de lui-même dans un état de santé plus prospère qu'on n'eût pu l'espérer d'abord.

Dès qu'il fut capable de comprendre et de raisonner, son père jugea à propos de lui faire commencer son éducation ; elle fut confiée d'abord à Mlle Angèle Blanchet, une amie de la famille, maîtresse aussi intelligente que dévouée, puis à M. le doyen de Mehun (1).

A six ans, à un âge où l'enfant ne pense qu'au jeu, Alphonse, désireux d'apprendre à lire, fréquentait assidûment le presbytère où son excellent maître l'attirait autant par l'enseignement qu'il lui donnait que par la bonté paternelle avec laquelle il le traitait. Ainsi favorisé, son goût pour l'étude se développa, et, en peu de temps, il fit de sérieux progrès.

Élevé dans une famille chrétienne, Alphonse sut de bonne heure sa prière. Il la disait avec une exactitude et un recueillement extraordinaires chez un enfant de six ans. Un soir,

(1) M. l'abbé Blanchet, aujourd'hui vicaire général de Bourges.

harassé de fatigue, il s'était endormi sur un fauteuil, comme cela arrive si souvent aux enfants ; on le porta avec précaution dans sa chambre et on le mit au lit sans le tirer de son sommeil. Au milieu de la nuit, il s'éveille, s'étonne de se trouver dans son lit, pense qu'il n'a pas fait sa prière, appelle à grands cris ses parents, et, se mettant à genoux sur son lit, offre un naïf, mais agréable hommage au Dieu qui aime les petits enfants.

Quand sa mère voulait le punir, elle différait quelques instants de lui faire réciter sa prière, et ce châtiment était le plus grave qu'on pût lui infliger.

Accoutumé, dès sa plus tendre enfance, à une obéissance prompte et stricte aux volontés de ses parents, Alphonse s'y conformait facilement et sans jamais murmurer. Un seul fait rapporté par son père lui-même montrera jusqu'à quel point l'enfant était docile.

Un jour M. Charlon lui conseilla de se débarrasser d'une dent qui le faisait souffrir. Sans hésiter, il court seul chez le docteur, voisin et ami de la famille. A la vue de l'instrument destiné à arracher sa dent, son courage faiblit ; il revient à la maison. « Comment! lui dit son père, tu n'as pas osé supporter cette petite opération ? » Aussitôt il reprend son énergie et retourne d'un bond chez le docteur, où il endure, sans broncher, l'extraction de la dent, qu'il rapporte triomphant à la maison.

Dès ses plus tendres années, il fut doué de ces aimables qualités qui sont comme le charme irrésistible de l'enfance. S'il passait dans la ville, chacun l'arrêtait pour le caresser ou lui adresser quelques paroles, auxquelles il répondait toujours par des reparties empreintes d'une grâce enfantine et souvent d'une intelligence supérieure à son âge.

Pour faire connaître dans toutes ses délicatesses le cœur d'Alphonse enfant, laissons parler celui de ses maîtres qui a été plus à même de l'apprécier. Voici en quels termes s'exprime M. Blanchet sur les premières années de son élève :

« A cet âge les événements sont peu de chose ; cela est vrai pour tous, mais l'a été plus particulièrement pour Alphonse à cause du milieu paisible et chrétien où il a été élevé. Deux traits caractérisent cette physionomie d'enfant : l'obéissance et la piété. L'autorité paternelle, tempérée par une grande bonté, l'avait de bonne heure discipliné ; et la piété aidant, l'obéissance lui était devenue douce et facile, malgré les vivacités de son caractère impressionnable. La piété lui était naturelle. Aussi était-il, sans qu'on eût besoin de le lui rappeler, fidèle à ses petites pratiques, et il s'en acquittait avec soin.

« Une des joies de son enfance fut d'avoir été choisi comme clerc d'honneur pour les offices de l'église. C'était plaisir de le voir les jours de fête remplir auprès de l'autel ses pieuses fonctions.

« Il avait une grande dévotion à la Sainte-

Vierge, et lui rendait un culte filial. Plusieurs fois, je l'ai vu interrompre de lui-même son travail pour réciter l'*Angelus,* lorsque la cloche en donnait le signal.

« Ajoutez à ces heureuses qualités un esprit précoce d'ordre, de méthode et de modestie, et vous aurez la physionomie de cet enfant, qui frappait tout d'abord par sa bonne tenue et qu'on ne pouvait s'empêcher d'aimer quand on le connaissait. »

Alphonse atteignait sa dixième année. Son père songea à trouver une maison d'éducation, où les sentiments de piété et de vertu qu'il avait en germe seraient gardés purs et développés, en même temps que son esprit et son cœur. M. Charlon choisit le Petit Séminaire de La Chapelle. L'enfant devait y trouver la vertu et la science, et, avantage bien apprécié par la famille, l'air pur nécessaire à son tempérament maladif.

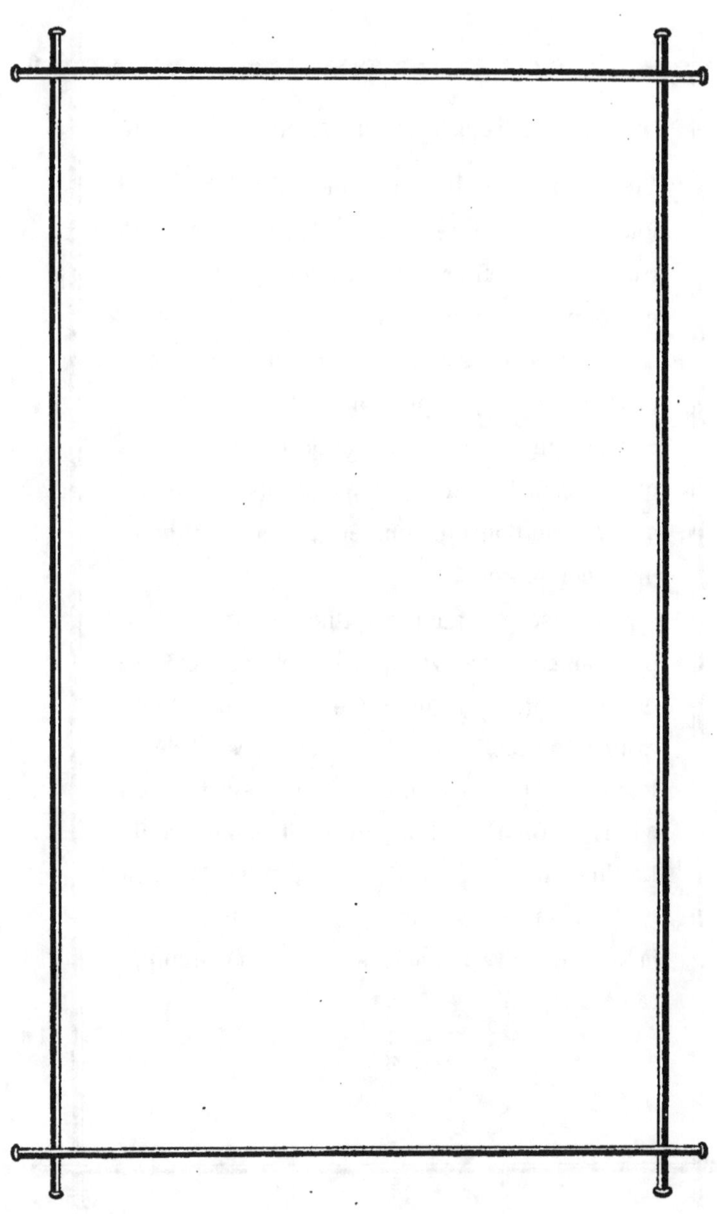

II

Alphonse entra à La Chapelle au mois d'octobre 1876, heureux sans doute de se trouver dans cette maison, dont les vertes pelouses, les frais ombrages et les eaux de la Loire font un lieu si charmant, où il allait rencontrer des maîtres dévoués et des amis qui partageraient ses travaux et ses jeux; mais une grande tristesse se mêlait à ces espérances !

Alphonse n'avait jamais quitté sa famille; il

trouva bien cruelle une séparation qui le pri-
vait d'aussi tendres affections.

Heureusement les nouveaux liens qu'il forma
contribuèrent à calmer peu à peu la vivacité
de ses premiers regrets. Sa joyeuse franchise,
son caractère ouvert, son ardeur et son habi-
leté au jeu lui acquirent bientôt, et pour tout le
temps qu'il resta au Séminaire, la sympathie
de tous ses condisciples.

Ses débuts dans la classe de sixième furent
excellents : son ardeur ne se démentait pas ;
ses notes étaient bonnes ; chaque semaine ses
lettres apportaient la joie à Mehun, et quelquefois, pour donner à son père la preuve de
ses progrès, il lui envoyait une petite lettre
latine du genre de celle qu'on va lire :

Carissime pater,

*In eo anno novo, cupivi optata mea tibi offerre
latinè scribendo. Haud dubiè scio optata mea
non esse meliora in linguâ latinâ quam in*

linguâ gallicâ; ita autem ago, ut illo vero testi-
monio progressum meorum studiorum tibi exhi-
beam.

Ardenter oro Infantem Jesum in præsepio
positum, ut multum benedicat tibi, pater caris-
sime, et dilectissimæ matri meæ, duabusque
aviis meis amatis.

Tibi promitto me, per hujus anni cursum,
laboraturum esse, et fore sapientem atque sub-
ditum; scio enim tibi, pater mi, me ita agentem
magis in dies amandum.

Accipe, carissime pater, venerationem et affec-
tus filii tui dilecti

ALPHONSI.

Ce qui acheva pour Alphonse le bonheur de
cette première année, ce fut la première Communion. Elle a, au Petit Séminaire de La Chapelle, un caractère particulier : le réveil au
chant des cantiques, la Messe de Communion,
les offices de la journée, la procession à tra-
vers les allées du parc, tout donne à cette

journée un cachet qu'elle n'a pas dans les paroisses. Mais ce n'est pas ce charme extérieur qu'Alphonse goûta le plus. Son âme était bien préparée ; en voyant approcher ce grand jour, il avait redoublé de ferveur ; pendant les semaines qui le précédèrent, ç'avait été le continuel sujet de ses pensées, l'unique objet de ses aspirations. « Priez pour moi, écrivait-il à ses parents ; j'ai bien besoin du secours de Dieu pendant ces jours-ci. »

Le 9 mai, il écrit de nouveau : « J'entre en retraite ce soir ; jusqu'à dimanche je ne veux plus penser qu'à ma première Communion. Je vous écris pour vous demander pardon de toutes les peines que j'ai pu vous faire et dont j'ai un grand regret. Samedi soir je vous demanderai votre bénédiction. Oh ! combien il me tarde que le 13 soit arrivé ! »

Il arriva enfin, et Alphonse n'oublia jamais cette date ; plus tard, il écrira : « Dire combien je fus heureux serait impossible, et je voudrais encore être à cette belle journée. »

A cette époque, Alphonse qui, par sa régularité et son travail, faisait la joie de sa mère, était aussi son orgueil par sa vivacité et la vigueur de son tempérament. Sa santé, délicate à Mehun, s'était bien trouvée de la vie du Séminaire, où le travail est interrompu par les jeux et les promenades. Ses forces s'étaient accrues, et son adolescence faisait concevoir des espérances qui ne devaient pas tarder, hélas! à s'évanouir.

Que de familles ont vu ainsi apparaître à leur foyer un enfant au sourire angélique, aux grâces touchantes, dont la vie répandait autour de lui un charme irrésistible! Tout à coup, au moment où il a acquis toute l'affection qu'on peut lui porter, au moment où il est le plus tendrement aimé, un souffle mortel l'atteint; sa jeunesse s'étiole, s'affaisse, s'incline vers la terre, et son âme purifiée et sanctifiée par la souffrance semble déjà mûre pour le Ciel, à l'heure où les autres commencent à peine à fleurir.

Les années de cinquième, de quatrième et de troisième s'écoulèrent paisibles et heureuses. La santé d'Alphonse était satisfaisante ; il aimait ses études et ses maîtres ; toutes ses lettres de cette époque expriment la paix et la joie.

Deux sentiments remplissent sa correspondance, comme ils remplissaient son cœur.

C'est d'abord la piété filiale la plus tendre. Ses petits succès et ses bonnes notes le réjouissent parce que ses parents en sont heureux, et s'il s'afflige de ses insuccès ou de ses mauvaises notes, c'est surtout à cause de la peine qu'on en éprouvera à Mehun. « Plus j'avance, écrira-t-il, en 1883, plus je sens les douceurs de l'amour filial et mieux j'en comprends les devoirs. Je supplie Dieu de m'en faire longtemps goûter les charmes, et chaque jour, dans mes prières, je ne manque pas de penser à vous. Demain, dans ma communion, je ne vous oublierai pas, soyez-en sûrs. »

A son amour filial, Alphonse joignait, on le

voit, une piété vraie et solide. Une des grandes joies de sa vie d'écolier fut d'être admis, avec les enfants les plus pieux de sa division, dans la Congrégation des Saints-Anges. Il était heureux d'être congréganiste, comme il l'avait été d'être clerc d'honneur à Mehun.

Le jour de sa Confirmation il écrivait à son père ces lignes aussi touchantes qu'elles sont simples : « Hier, j'ai reçu l'absolution ; ce matin, j'ai reçu la sainte Eucharistie ; ce soir, je recevrai la Confirmation. Je sais la grandeur de cette grâce qu'on ne reçoit qu'une fois dans la vie. Je m'y suis préparé par une bonne retraite. J'ai choisi pour nom de Confirmation le nom de saint Joseph : je crois que ce choix vous plaira. »

C'est ainsi qu'il parlait non seulement de sa Confirmation, mais de ses communions ordinaires et des fêtes du Séminaire qui faisaient le grand charme de sa vie d'écolier. Ainsi, dans cet enfant enjoué et quelquefois étourdi, il y avait déjà un chrétien ferme dans sa foi, qui

avait souci de ses devoirs et les prenait au
sérieux. Pour connaître ce qu'il était à ce
point de vue, il faut lire la lettre suivante,
écrite par lui à un enfant de Mehun dont il
était le parrain, et qui se préparait à sa première Communion :

« Mon cher filleul,

« Je ne veux pas laisser passer sans t'écrire
la plus grande action de ta vie, et je veux que ce
beau jour t'apporte une lettre de ton parrain. Je
ne serai pas à Mehun pour assister à cette
belle fête, mais sois sûr que je ne passerai pas
la journée sans penser à toi; quoiqu'il y ait
une distance de vingt-cinq lieues, mon cœur
sera présent à cette magnifique cérémonie.
Je ne veux pas ici te faire un discours sur
l'importance d'une bonne première Communion, tu dois l'avoir déjà compris, et ce n'est
pas à moi de revenir sur ce sujet. Que de
bonnes impressions tu ressentiras en ce beau

jour ! Ce sera la première fois que tu goû-
teras une joie pure et douce qui n'est pas
de ce monde. Aussi, ne saurais-je trop te
recommander de te préparer le mieux que tu
pourras à ce grand jour, qui, je le répète, doit
être le plus beau de ta vie. Moi aussi, j'ai fait
ma première Communion, il y a quelques
années; te dire combien je fus heureux serait
impossible, et je voudrais être toujours à cette
belle journée. J'espère que pendant les deux
ans que tu as suivi le catéchisme, tu n'auras
point perdu ton temps et que tu es maintenant
invincible sur tout ce qui touche à la religion ;
tu dois posséder cette science à fond, et jamais
tu ne la posséderas assez. Toute ta vie, sache-
le bien, dépendra de ta première Communion ;
si tu en faisais une mauvaise, ce qui, je l'espère, ne t'arrivera pas, toute ta vie s'en res-
sentirait ; si, au contraire, tu en fais une
bonne, ce dont je suis persuadé, ta persévé-
rance est assurée. Depuis que je suis rentré à
La Chapelle, j'ai pensé à toi, j'ai prié et fait

prier pour toi afin d'obtenir du bon Dieu la grâce que tu fasses une excellente première Communion ; de ton côté, je suis sûr que tu penseras à moi en ce jour. J'espère que tu m'écriras bientôt pour me parler de cette grande action. »

Cette lettre montre l'âme d'Alphonse telle qu'elle était, franche, sérieuse et profondément chrétienne. La piété de ses premières années avait grandi à La Chapelle, et elle sera sa force et sa consolation dans sa dernière et longue maladie.

Ce fut avec joie qu'Alphonse entra en seconde au mois d'octobre 1881. La littérature avait pour lui plus d'attraits que la grammaire. Il fit de sérieux efforts pendant cette année ; au mois de juillet son professeur le reconnaît. « Le travail et la conduite d'Alphonse Charlon ont été satisfaisants pendant les dix mois qu'il a passés en seconde. » Ce témoignage et les succès obtenus dans certaines facultés l'encouragèrent; il entra en rhétorique avec plus de plaisir encore. Toute l'année ses notes furent excellentes, et son application au travail ne se relàcha pas.

Il ne s'accordait qu'une seule distraction; l'étude de la musique. Cet art plaisait à sa nature délicate. Il aimait ses leçons de violon : c'était sa récréation favorite, et malgré le peu de temps qu'il pouvait y consacrer, il avait fait des progrès rapides. Ses lettres montrent combien il sentait vivement la beauté des compositions des grands maîtres, et quelle joie c'était pour lui de contribuer aux fêtes musicales du Petit Séminaire. Nous nous souvenons encore de la distinction avec laquelle il exécuta, son année de rhétorique, une sonate de Mozart à la fête de Sainte-Cécile, et le célèbre *Ave Maria* de Gounod à la fête de l'Immaculée-Conception.

Arrivé ainsi à la fin de ses études, Alphonse jouissait de l'estime et de l'affection universelle. Ses maîtres et ses condisciples aimaient sa nature ouverte, franche, simple et pieuse. Nous sommes heureux de pouvoir reproduire ici une lettre du Prêtre éminent qui dirigeait alors avec autant d'intelligence que d'autorité le Petit Séminaire de La Chapelle (1) :

« J'ai parfaitement connu Alphonse, nous écrit-il, et je l'ai beaucoup aimé ; il avait une âme si droite et si honnête, un caractère si énergique dans un corps si frêle, un cœur si affectueux et si dévoué à ses amis ! Celui-là, s'il avait vécu, n'aurait pas été grossir le troupeau des égoïstes. Quel culte il avait pour sa famille ! Sa correspondance avec ses excellents parents était son plus puissant moyen d'émulation, dans sa vie d'écolier. L'envoi des bulletins hebdomadaires et trimestriels était pour lui un événement dont son amour filial calculait délicatement toutes les conséquences. Il voulait donner beaucoup et souffrait de son

(1) M. l'abbé Despierre, archiprêtre, curé de la cathédrale d'Orléans.

impuissance dont ses maîtres ne le rendaient pas responsable.

Les pensées de la foi exerçaient sur l'ensemble de sa conduite une habituelle et très salutaire influence. Je ne veux pas dire qu'il fût exempt de toute faiblesse, mais l'éducation religieuse lui avait révélé son secret. Il luttait contre lui-même, et accueillait avec une touchante reconnaissance la vérité qui l'aidait à se reconnaître.

« Voilà le souvenir que je garde de notre pauvre Alphonse. Je regrette de ne pouvoir vous donner des faits circonstanciés à l'appui de mon impression personnelle. J'espère que sa correspondance, si elle a été conservée, vous aidera à nous rendre la vraie physionomie de ce jeune homme qui voulait être un homme de bien et qui eût certainement marché sur les traces de son père, si Dieu ne s'était pas contenté de ses bons désirs. »

Comme à La Chapelle, Alphonse s'était acquis pendant les vacances la sympathie de tout Mehun ; il se montrait aimable envers tout le monde, faisait des avances à tous, et parlait avec autant de plaisir à l'humble ouvrier qu'au plus riche propriétaire.

Tel il était à l'âge de dix-huit ans, en sortant de rhétorique. Jeune homme chrétien, affectueux pour ses parents, réservé dans ses manières, mais sympathique à tous, il promettait d'être bientôt la joie de sa famille. Dieu, hélas ! avait sur lui d'autres desseins.

III

QUAND Alphonse rentra à La Chapelle, au mois d'octobre 1883, son caractère semblait avoir subi une modification alarmante ; cette franche gaîté, cette joyeuse humeur qu'on lui connaissait, disparaissaient par moments. Son regard autrefois souriant devenait facilement morne et rêveur, et sa santé, sans être mauvaise, n'était plus aussi florissante. Un mal caché encore le menaçait sourdement et pouvait éclater à la première occasion.

Au mois de novembre, Alphonse passa son

baccalauréat. Il était bien préparé, et il fut admis avec de bonnes notes à l'examen écrit. Mais, avec sa nature vive et impressionnable, il se troubla à l'examen oral ; le succès qu'il entrevoyait déjà lui échappa, et après s'être fait une fête de la joie de ses parents, il dut partager avec eux la tristesse d'un échec. Il ne s'en consola pas, et la peine qu'il en conçut porta à sa santé une atteinte profonde.

De retour à La Chapelle, il essaya de reprendre ses études ; ses efforts échouèrent devant la tristesse qui l'accablait et le mal qui se développait. Pendant une semaine son découragement fut complet. Ses maîtres les plus chers s'unirent vainement pour le faire triompher de son ennui; leurs instances les plus vives, leurs conseils les plus tendres restèrent inutiles, et ils jugèrent prudent de l'envoyer passer quelque temps de repos et de distraction dans sa famille. En effet, le 2 décembre, il quitta cette maison aimée qu'il ne devait plus revoir ; il dit adieu à ses condisciples, et pour plusieurs ce fut un adieu éternel.

A peine arrivé à Mehun, une révolution subite s'opéra dans l'état du malade. Il toussait ; on consulta le médecin, qui, au premier coup d'œil, reconnut le terrible mal, et le dendemain Alphonse était à toute extrémité. Ses parents tournèrent leurs regards vers le ciel et implorèrent le Seigneur. Lui seul pouvait sauver leur enfant. La triste nouvelle parvenue à La Chapelle ne surprit pas ceux qui avaient observé Alphonse depuis son retour des vacances. On fit appel à nos prières, et je me souviens de la ferveur avec laquelle nous demandions à la fin de chaque classe et surtout à l'archiconfrérie, le dimanche soir, la guérison de notre ami.

Pendant un mois entier, le malade resta dans cette situation désespérée. En vain les médecins les plus expérimentés furent appelés auprès de son lit, en vain on eut recours à la

science la plus profonde et aux soins les plus
dévoués de deux docteurs amis de la famille,
Alphonse était dans le même état. Enfin un
spécialiste de Paris se rendit auprès de lui et
ordonna des pointes de feu, traitement que le
cher malade accepta sans effroi et qu'il sup-
portait chaque jour avec un courage qui allait
presque jusqu'à la gaîté.

Cependant un mieux inespéré se manifesta
peu à peu. Grâce à la sollicitude toujours en
éveil de sa mère, grâce aux soins affectueux
de son oncle et de sa tante accourus de Buzan-
çais à Mehun pour passer l'hiver près de lui,
le malade recouvra, bien lentement il est vrai,
mais recouvra cependant un peu de force.
Malheureusement la saison se montrait peu
favorable pour hâter la convalescence. Il eût
fallu de l'air et du soleil, et la température
âpre et brumeuse de janvier et de février
forçait Alphonse à demeurer alité. A la fin
de février, aux premiers rayons de ce soleil
qu'il avait été si près de ne plus voir, le

malade restait levé la plus grande partie de la journée.

Il recevait avec joie la visite de ses professeurs de La Chapelle; chaque jour il voyait M. le Curé de Mehun ou M. l'Abbé Moreux, son vicaire, et passait avec eux de longs moments. S'il restait seul un instant, son regard devenait rêveur et se levait vers le ciel, tandis que son âme semblait s'entretenir avec Dieu.

Le 19 mars, fête de saint Joseph, en même temps que ses condisciples de La Chapelle terminaient par la sainte Communion une neuvaine faite pour lui, Alphonse s'approcha des Sacrements plein d'espoir dans la protection du saint qu'il avait choisi pour patron à sa Confirmation.

Le 26 mai, il eut le bonheur de recevoir la visite et la bénédiction de Mgr l'Archevêque de Bourges, et ce fut pour lui un sujet de grande joie.

Le printemps avait ranimé les forces d'Alphonse; au mois de juin il pouvait sortir et

faire de petites promenades à pied ou en voi-
ture. Il aimait la campagne, et aussi souvent
que le temps était beau, il usait de la permis-
sion accordée. Il allait dans les environs de
Mehun voir des amis de la famille, qui, au souvenir du danger passé, pleuraient en l'embras-
sant. Et lui, avec un aimable sourire, disait
qu'il n'y fallait plus songer, puisque tout cela
était passé.

La lecture lui offrait un agréable passe-
temps; il en profita, mais seuls les ouvrages
sérieux et moraux lui faisaient plaisir. Je sais
qu'un jour une personne lui ayant envoyé un
livre qu'elle pensait devoir bien l'intéresser, il
lut quelques pages sans défiance, puis, ayant
trouvé un passage inconvenant, il jeta le vo-
lume dans le feu dès qu'il fut seul.

Ainsi le temps de la convalescence se passait, partagé en promenades, lecture et correspondance. Le malade allait mieux et faisait
des projets pour l'avenir. Il n'appréhendait
qu'une seule chose : la mauvaise saison.

Elles vinrent, en effet, les pluies d'automne, et il fallut de nouveau garder la chambre. La musique, la visite de ses amis et de ses parents, en abrégèrent la longueur, et il atteignit le printemps, faible encore et sans être sorti de convalescence; mais c'était déjà pour les siens une grande satisfaction qu'il eût passé, sans nouvelle chute, la rude épreuve de l'hiver.

L'espérance revint avec les premiers rayons du soleil de mars ; Alphonse reprit ses promenades. Les chaleurs de l'été, pensait-on, le guériraient. Cruelle illusion! en quelques jours le terrible mal allait regagner tout le terrain qu'il avait perdu pendant une année entière de soins si assidus et si tendres. On était aux premiers jours d'avril, quand le fatal dénoûment s'annonça tout à coup. Un jour, Alphonse se trouva plus mal; il fut pris de vomissements, et tout espoir fut perdu. Le cher malade le comprit bien. Le mal lui avait ôté l'usage de la parole; il demanda du papier et une plume et, d'une main tremblante, écrivit ces mots à sa mère : « Les médecins savent bien que je m'en vais, moi aussi ; je suis dans les étreintes de la mort, et il est impossible de m'en dégager. Ne cherchez pas à me le cacher. Adieu, adieu. »

Aussitôt il manifesta le désir de se confesser de nouveau et de recevoir l'absolution.

Se voyant près de la mort, Alphonse redoubla envers ses parents d'amour et de respect. « Embrasse-moi, disait-il à sa mère, tu n'as pas si longtemps à le faire. » Et, comme elle fondait en larmes : « Promets-moi, reprit-il, que tu ne pleureras pas. » Promesse, hélas ! bien difficile à remplir ! Puis, comme sa malheureuse mère ne lui répondait guère que par ses sanglots, il ajouta : « Je fais le sacrifice de ma vie pour la consolation de mes parents bien-aimés. » Sacrifice héroïque que celui d'une vie de dix-neuf ans, et d'un avenir que la fortune et l'éducation promettaient de rendre brillant et heureux.

Le jeudi 9 avril devait être le dernier jour d'Alphonse.

Son père désolé et sanglotant faisait peine à voir. Il avait quitté depuis un instant la chambre du malade, quand celui-ci l'appela d'une voix vibrante : « Allez chercher mon père. » M. Charlon revint, embrassa son fils ; Alphonse l'étreignit avec force. Il pressa aussi sa mère sur son cœur ; il demanda ensuite et reçut avec la plus vive piété le Sacrement de l'Extrême-Onction, et quelques minutes plus tard, entre les bras de ses parents qu'il avait tant aimés et de M. l'abbé Blanchet, son premier maître, il expira, son chapelet de première Communion à la main.

Il était midi, l'*Angelus* sonnait.

IV

ALPHONSE, le fils unique, le jeune homme tant aimé et si digne de l'être, n'était plus.

Qui pourrait peindre le désespoir de sa famille? Sur la tête de cet enfant étaient réunies toutes ses affections ; il était à lui seul toute sa joie, toute son espérance ici-bas. Que de bonheur, que de projets évanouis ! Je me souviendrai toujours du chagrin profond de ce père, de cette mère éplorés, de cette grand'mère désolée de ne pouvoir donner le peu de jours qui lui restaient à passer sur la terre pour la vie à peine commencée de son petit-fils.

La triste nouvelle se répandit dans Mehun et y porta le deuil. Bien des yeux se mouillèrent de larmes ; tous les cœurs s'émurent : la sympathie qui l'entourait ne laissa personne indifférent.

On apprit le jour même à La Chapelle la mort d'Alphonse. Elle était, hélas ! trop attendue. Les élèves étaient en vacances, et, à l'exception de ceux qui avaient plus particulièrement connu Alphonse, ils ne surent qu'à la rentrée quel deuil attristait la maison. Tous les cœurs se serrèrent au souvenir de ce jeune homme qu'on avait aimé et vu naguère plein de vie, dans ces lieux où la trace de ses pas était à peine effacée.

Le lendemain, plusieurs de ses maîtres et ceux qui avaient eu les plus étroits rapports avec Alphonse se rendirent à Mehun, pour lui donner le dernier témoignage de leur affection.

Ceux de ses condisciples qui apprirent assez tôt la fatale nouvelle vinrent aussi satisfaire aux devoirs de leur douleur et de leur amitié en assistant à ses funérailles.

Je garderai toujours gravées dans mon esprit les impressions de cette triste matinée. C'était au commencement du printemps : le soleil d'avril jetait ses premiers rayons, tout était joie dans la nature et tristesse pour nous. Je vois encore la foule envahir la maison mortuaire dont une chambre avait été convertie en chapelle ardente. On se pressait autour du cercueil qu'on aspergeait d'eau bénite, puis on se retirait pour céder la place aux nouveaux arrivés.

L'heure de la cérémonie religieuse vint; Alphonse fut emporté de cette maison où il avait tant aimé, et où il avait tant été aimé lui-même.

La foule silencieuse s'avança vers l'église; la cloche faisait entendre son glas funèbre et augmentait l'émotion et le recueillement.

La cérémonie fut imposante ; elle était présidée par M. Blanchet, vicaire général de Bourges. Tous les prêtres des environs avaient prêté leur concours à cette manifestation touchante et l'avaient rendue plus solennelle.

Enfin le convoi prit la route du cimetière. Depuis bien des années, on n'avait vu à Mehun un cortège funèbre aussi nombreux. Le cercueil disparaissait sous les fleurs ; des amis de la famille venaient ensuite, portant les couronnes. Le père et la mère d'Alphonse suivaient, admirables dans leur douleur contenue ; après les parents, une foule compacte d'amis s'avançait. Toutes les classes de la société s'étaient réunies pour rendre les derniers devoirs à ce jeune homme de dix-neuf ans.

Les magistrats du barreau de Bourges, les propriétaires des environs, les notabilités du canton de Mehun, les fermiers de la contrée, les ouvriers de la ville, avaient voulu donner à la famille d'Alphonse cette preuve de leur sympathie et de leurs regrets.

Nous n'oublierons jamais l'aspect du cimetière : le silence, le chant des psaumes, les tombes fleuries disparaissant sous la foule agenouillée, la fosse entr'ouverte et les amis jetant sur le cercueil, comme un dernier adieu, ces couronnes de fleurs blanches, symbole de celle que Dieu sans doute a mise au ciel sur son front.

Une voix amie devait exprimer les sentiments qui remplissaient tous les cœurs ; par une délicate modestie, la famille voulut que cette cérémonie restât simple ; et le discours qui devait être prononcé ne le fut pas. Il nous a été communiqué, et nous sommes heureux de pouvoir le reproduire :

« Messieurs et amis,

« Avant que cette tombe se referme pour toujours, permettez-moi d'adresser, en votre nom et au mien, un dernier adieu au jeune homme chrétien, au fils tendrement aimé, à l'ami que nous pleurons tous aujourd'hui.

« Pendant sa longue et douloureuse maladie
contre laquelle vinrent échouer les efforts de
la science et les soins incessants de la plus
affectueuse des mères et du père le plus tendre,
Alphonse Charlon conserva cette douceur de
caractère, cette aménité qui lui captivaient le
cœur de tous ceux qui l'approchaient, et qui
font qu'en ce triste jour une seule voix, un
seul cri s'échappe de toutes les poitrines
pour lui rendre un dernier témoignage de
regrets et de douleur.

« Mais, Messieurs, si dans ce deuil général
et en face de cette perte irréparable, il peut y
avoir une consolation, c'est celle de penser
qu'un ange de plus est au ciel qui prie pour
nous, et surtout pour ses chers parents, afin
qu'ils aient le courage de supporter une séparation que rien ne pourra leur faire oublier, un
vide que rien ne pourra combler. »

A cet éloge, que les amis d'Alphonse auraient
été heureux d'entendre de la bouche de M. le

comte de....., on nous permettra d'en ajouter un autre. Nous ne saurions faire de l'àme d'Alphonse un portrait plus fidèle et plus touchant que celui qu'en a tracé M. le Doyen de Mehun, dans une lettre qu'il a bien voulu nous écrire :

« Alphonse avait une nature timide et réservée ; à l'encontre de beaucoup de jeunes gens de son àge, il se défiait beaucoup, il se défiait trop de lui-même. Sa modestie était rare, autant que son amitié était sûre. S'il n'avait pas l'enthousiasme des grandes conceptions, il avait, ce qui vaut assurément mieux, le cœur ouvert aux grands dévoûments ; et l'on a dû vous dire qu'il se proposait de consacrer uniquement au service gratuit des pauvres la science de la médecine dans laquelle il avait l'intention de s'instruire.

« Deux ans durant, j'ai assisté à la longue maladie, j'ai suivi jour par jour la lente agonie de votre pauvre ami ; je n'ai pas vu un instant

se démentir les belles qualités de son cœur.
De lui-même et avec cette franchise aimable
qui était un des traits saillants de son caractère, il corrigeait les élans d'une vivacité qui
était surtout imputable aux souffrances de la
maladie.

« Sa foi est toujours sortie victorieuse des
découragements et des désespoirs que peut
causer le mal inexorable qui nous l'a enlevé.
Alphonse est demeuré jusqu'au bout l'enfant
et le jeune homme chrétien que vous avez
connu, et c'est le Christ dans les mains, c'est
en serrant dans ses bras sa mère et son père,
dont je vois encore d'ici la douleur, qu'il a
rendu son dernier soupir. »

Ces lignes résument bien la vie d'Alphonse.

Il n'a aimé que Dieu et ses parents ; il n'a
rêvé pour l'avenir que le dévoûment et la cha-
rité ; il a accepté avec courage de longues et
cruelles souffrances ; enfin, à l'âge de dix-neuf
ans, il a fait à Dieu le sacrifice de toutes ses

affections et de tous ses projets d'avenir. Assurément ce n'est pas là l'histoire d'une âme
vulgaire. Une telle vie laisse après elle un
souvenir ineffaçable. On ne peut sans doute se
défendre d'un sentiment de profonde tristesse,
quand on regarde du côté de la terre et qu'on
pense aux espérances qu'elle a brisées en
s'achevant si tôt ; mais il se mêle à cette
amertume je ne sais quel charme qui l'adoucit,
quand on regarde du côté du ciel et qu'on
pense à l'autre vie.

N'est-ce pas ainsi que vivent les élus et que
meurent les prédestinés ?

Et s'il nous était permis, en terminant, de
nous adresser à la famille d'Alphonse, nous
emprunterions, pour parler de sa mort, les paroles qu'un de nos maîtres adressait à la famille d'un autre de nos amis, pieux enfant,
enlevé lui aussi à un père et à une mère dont
il était l'unique joie :

« Oui, parents désolés, c'est là une belle

mort : elle brise votre vie, elle en change tous
les horizons, mais elle ne vous laisse ni sans
consolation, ni sans espérance. Après une vie
pleine d'honneur comme la vôtre, ce sera votre
meilleure gloire d'avoir eu un tel fils ! Son doux
souvenir remplira le vide de votre foyer dont
il a fait la joie ; du haut du ciel où ses vertus et
nos prières le feront bientôt entrer, il veillera
sur vous comme un ange invisible ; il restera
le soutien et la consolation de vos dernières
années, et un jour, après cette triste vie où
tout est déception et douleur, nous le retrou-
verons, plus aimable et meilleur encore, dans
une vie immortelle où nous ne craindrons plus
de le perdre. »

ARDET
PRO PATRIA
LUCET